Enid Artursdottir

Welt-Anschauung

Enid Artursdottir

Welt-Anschauung

Disput mit dem Ex

Trainerverlag

Imprint

Cover image: www.ingimage.com

Publisher:
Der Trainerverlag
is a trademark of
International Book Market Service Ltd., member of OmniScriptum Publishing Group
17 Meldrum Street, Beau Bassin 71504, Mauritius
Printed at: see last page
ISBN: 978-620-0-76829-2

Inhaltsverzeichnis:

I. <u>Sie an seinen Bruder:</u>

sie schrieb am Mi., 3. Juni 2020, 19:19:

Hallo,
ich frage heute nochmal bei Dir an, weil es zeitlich pressiert.
Bist du / seid ihr schon wieder zurück?
Könntest du mir bitte die Daten zukommen lassen bzw. - wie zugesagt - betreffende Nachweise einscannen und mir zusenden?
Das wäre super!
Es grüßt
Sie

……………………., geb. ……………… in ………………., gestorben .... in ...., beerdigt am .... 2011 in ……………….

……………………., geb. ……………… in ………………., gestorben .... in ...., beerdigt am .... 2011 in ……………….

……………………., geb. ……………… in ………………., gestorben .... in ...., beerdigt am .... 2011 in ……………….

II. Sein Bruder an sie:

-----Ursprüngliche Mitteilung-----

Von: sein Bruder

An: sie

Verschickt: Mi, 3. Jun. 2020 20:00

Bitte wende Dich an ihn.

III. <u>Sie an ihn:</u>

Gesendet: 3. Juni 2020 20:20

……………………, geb. ……………… in ………………., gestorben .... in ...., beerdigt am .... 2011 in ……………….

……………………, geb. ……………… in ………………., gestorben .... in ...., beerdigt am .... 2011 in ……………….

……………………, geb. ……………… in ………………., gestorben .... in ...., beerdigt am .... 2011 in ……………….

-----Ursprüngliche Mitteilung-----

Von: sein Bruder

An: sie

Verschickt: Mi, 3. Jun. 2020 20:00

Bitte wende Dich an ihn.

IV. Er an sie:

-----Ursprüngliche Mitteilung-----
Verschickt: Mi, 3. Jun. 2020 20:42

Warum willst du das wissen?

Gesendet über BlackBerry Hub+ Posteingang für Android

V. Sie an ihn:

Gesendet: 4. Juni 2020 03:45

frag deinen Bruder

VI. Er an sie:

-----Ursprüngliche Mitteilung-----
Verschickt: Do, 4. Jun. 2020 6:15

...mach ich nicht...also warum willst du das wissen?

VII. Sie an ihn:

Gesendet: 4. Juni 2020 07:54

es geht um den Nachweis ihrer Staatsangehörigkeit

VIII. Er an sie:

-----Ursprüngliche Mitteilung-----
Verschickt: Do, 4. Jun. 2020 8:14

Sie hat die deutsche Staatsangehörigkeit.... Aber das weisst Du eigentlich...

Gesendet über BlackBerry Hub+ Posteingang für Android

IX. <u>Sie an ihn:</u>

Gesendet: 4. Juni 2020 08:18

woher willst du das wissen?

X. Er an sie:

-----Ursprüngliche Mitteilung-----
Verschickt: Do, 4. Jun. 2020 8:19

Ihre Eltern sind deutsche Staatsbürger....

XI. Sie an ihn:

Gesendet: 4. Juni 2020 08:21

woher willst du das wissen?

XII. Er an sie:

-----Ursprüngliche Mitteilung-----
Verschickt: Do, 4. Jun. 2020 8:26

Durch unsere heirat zum beispiel,...zudem stammen beide elternteile von deutschen ab usw...

Wofür willst du einen nachweis für offensichliche und rechtlich eindeutige Sachverhalte?

Gesendet über BlackBerry Hub+ Posteingang für Android

XIII. <u>Sie an ihn:</u>

Gesendet: 4. Juni 2020 08:28

„zudem stammen beide elternteile von deutschen ab"

und genau dafür benötige ich den Nachweis (siehe unten)

……………………, geb. ……………… in ………………., gestorben .... in ...., beerdigt am .... 2011 in ……………….

……………………, geb. ……………… in ………………., gestorben .... in ...., beerdigt am .... 2011 in ……………….

……………………, geb. ……………… in ………………., gestorben .... in ...., beerdigt am .... 2011 in ……………….

bitte den fehlenden Vornamen und die fehlenden Daten eintragen

XIV. Er an sie:

-----Ursprüngliche Mitteilung-----
Verschickt: Do, 4. Jun. 2020 11:37

Und wofür?

XV. Sie an ihn:

Gesendet: 4. Juni 2020 11:41

zur Beantragung der Feststellung der deutschen Staatsangehörigkeit

bitte die fehlenden Namen und Daten eintragen

……………….., geb. ……………… in ………………., gestorben .... in ...., beerdigt am .... 2011 in ……………….

……………….., geb. ……………… in ………………., gestorben .... in ...., beerdigt am .... 2011 in ……………….

……………….., geb. ……………… in ………………., gestorben .... in ...., beerdigt am .... 2011 in ……………….

XVI. Er an sie:

-----Ursprüngliche Mitteilung-----

Verschickt: Do, 4. Jun. 2020 11:45

Dafür gibt es keine Notwendigkeit...

XVII. Sie an ihn:

Gesendet: 4. Juni 2020 11:58

„keine Notwendigkeit“

für die Feststellung der deutschen Staatsangehörigkeit?

XVIII. Er an sie:

-----Ursprüngliche Mitteilung-----
Verschickt: Do, 4. Jun. 2020 12:16

Sie hat die St. stbü. Wer will das feststellen,und wozu.?

XIX. Er an sie:

-----Ursprüngliche Mitteilung-----

Verschickt: Do, 4. Jun. 2020 12:29

Die deutsche Staatsangehörigkeit sollte das heissen

XX. Sie an ihn:

Gesendet: 4. Juni 2020 12:59

„Sie hat die deutsche Staatsangehörigkeit"

Womit willst du das beweisen?

XXI. <u>Er an sie:</u>

-----Ursprüngliche Mitteilung-----
Verschickt: Do, 4. Jun. 2020 13:12

Wozu beweisen.?

Gesendet über BlackBerry Hub+ Posteingang für Android

XXII. <u>Er an sie:</u>

-----Ursprüngliche Mitteilung-----
Verschickt: Do, 4. Jun. 2020 13:20

Wem beweisen

Gesendet über BlackBerry Hub+ Posteingang für Android

XXIII. Sie an ihn:

Gesendet: 4. Juni 2020 13:24

„Wozu beweisen.?“

weil weder Personalausweis noch Reisepass einen Beweis darstellen

XXIV. Er an sie:

-----Ursprüngliche Mitteilung-----
Verschickt: Do, 4. Jun. 2020 13:29

Das ist falsch....

Gesendet über BlackBerry Hub+ Posteingang für Android

XXV. Sie an ihn:

Gesendet: 4. Juni 2020 13:31

bist du dir da sicher?

beweise es!

XXVI.Er an sie:

-----Ursprüngliche Mitteilung-----
Verschickt: Do, 4. Jun. 2020 13:39

Verrät mir mal was das alles soll

XXVII. <u>Sie an ihn:</u>

On Donnerstag, 4 Juni, 2020 she wrote:

*Wie die Fraktion darin ausführt, antwortete das baden-württembergische Ministerium für Inneres, Digitalisierung und Migration mit Schreiben vom 2. Mai 2017 im Rahmen einer Kleinen Anfrage eines Abgeordneten, der Staatsangehörigkeitsausweis sei "**das einzige Dokument, mit dem das Bestehen der deutschen Staatsangehörigkeit in allen Angelegenheiten, für die es rechtserheblich ist, verbindlich festgestellt wird (Paragraph 30 StAG). Der deutsche Reisepass und Personalausweis sind kein Nachweis für die deutsche Staatsangehörigkeit, sie begründen nur eine Vermutung, dass der Inhaber die deutsche Staatsangehörigkeit besitzt**".*

XXVIII. Er an sie:

-----Ursprüngliche Mitteilung-----
Verschickt: Do, 4. Jun. 2020 14:00

Ja und?

XXIX. Sie an ihn:

-----Ursprüngliche Mitteilung-----
Verschickt: Do, 4. Jun. 2020 14:05

"Der deutsche Reisepass und Personalausweis
sind kein Nachweis
für die deutsche Staatsangehörigkeit,
sie begründen nur eine Vermutung,
dass der Inhaber die deutsche Staatsangehörigkeit besitzt."

will er nicht kapieren

oder

kann er es nicht?

XXX. Er an sie:

-----Ursprüngliche Mitteilung-----

Verschickt: Do, 4. Jun. 2020 14:06

Wen meinst du?

XXXI. Sie an ihn:

-----Ursprüngliche Mitteilung-----

Verschickt: Do, 4. Jun. 2020 14:10

den der fragt

XXXII. <u>Sie an seinen Bruder:</u>

Date: Do., 4. Juni 2020, 14:14

Hallo,

hier siehst du,

was dabei raus kommt (siehe unten) -

und das wird noch nicht "das dicke Ende" sein ...

Bitte trag doch einfach nur die jeweiligen Daten ein!

……………………, geb. ……………… in ………………., gestorben .... in ...., beerdigt am .... 2011 in ……………….

……………………, geb. ……………… in ………………., gestorben .... in ...., beerdigt am .... 2011 in ……………….

……………………, geb. ……………… in ………………., gestorben .... in ...., beerdigt am .... 2011 in ……………….

XXXIII. Er an sie:

-----Ursprüngliche Mitteilung-----
Verschickt: Do, 4. Jun. 2020 14:18

Ich verstehe nicht was das soll? Warum soll für sie nachgewiesen werde, was sie schon ist...

Hat eine Behörde oder die Schule Dich aufgefordert ihre Staatsangehörigkeit zu beweisen.

Gesendet über BlackBerry Hub+ Posteingang für Android

XXXIV. Sein Bruder an ihn:

Gesendet: 4. Juni 2020 14:36

Hallo,

hier siehst du,

was dabei raus kommt (siehe unten) -

und das wird noch nicht "das dicke Ende" sein ...

XXXV. Er an sie:

-----Ursprüngliche Mitteilung-----
Verschickt: Do, 4. Jun. 2020 16:30

Erklär mir mal warum du das wissen willst, was das mit Sara zu tun hat, und was da noch kommen soll?

Gesendet über BlackBerry Hub+ Posteingang für Android

XXXVI. Er an sie:

-----Ursprüngliche Mitteilung-----
Verschickt: Do, 4. Jun. 2020 16:37

Was soll das alles?

Gesendet über BlackBerry Hub+ Posteingang für Android

XXXVII. Sie an ihn:

Gesendet: 6. Juni 2020 09:27

Guten Morgen,

bitte schick mir die angehängte Einverständniserklärung unterschrieben zurück.

Vielen Dank.

Es grüßt

Sie

Einverständniserklärung

Antrag auf Feststellung der deutschen Staatsangehörigkeit für die eheliche Tochter (geboren am ....)

Sehr geehrte Damen und Herren,

hiermit erkläre ich mich einverstanden, dass für meine Tochter die deutsche Staatsangehörigkeit beantragt und festgestellt wird.

--	--
(Ort, Datum)	(Unterschrift)

Mit freundlichen Grüßen

(Name)

XXXVIII. Er an sie:

-----Ursprüngliche Mitteilung-----

Verschickt: Sa, 6. Jun. 2020 11:12

Nein

XXXIX. Sie an ihn:

-----Ursprüngliche Mitteilung-----
Verschickt: Sa, 6. Jun. 2020 12:45

Damit verwehrst du deinem eigenen Fleisch und Blut alle Rechte einer Staatsangehörigkeit.

Damit trägst du für alle daraus resultierenden Konsequenzen die alleinige Verantwortung.

XL. Er an sie:

-----Ursprüngliche Mitteilung-----
Cc: an seinen Bruder
Verschickt: Sa, 6. Jun. 2020 14:31

Hallo,
das tue ich nicht!
Sie hat die deutsche Staatsangehörigkeit, das hat mit meinem Tun oder Unterlassen nichts zu tun.
Du hast mir immer noch nicht gesagt wofür du das alles meinst zu brauchen.
Wenn eine Behörde der Bundesrepublik Deutschland so etwas für sie von mir benötigt, wird sie sich sicher mit mir in Verbindung setzen.
Oder hast Du da etwas amtliches von der Bundesrepublik Deuschland ?

Welche Konsequenzen meinst du und welche Verantwortung wofür?
Gruss
er

XLI. Sie an ihn:

-----Ursprüngliche Mitteilung-----
Verschickt: Sa, 6. Jun. 2020 18:25

In Deutschland:

MIT STAATSANGEHÖRIGKEITSAUSWEIS - RECHTE	**OHNE STAATSANGEHÖRIGKEITSAUSWEIS - PRIVILEGIEN**
förmlicher Nachweis der Staatsangehörigkeit	**kein förmlicher Nachweis => keine nachgewiesene Staatsangehörigkeit (formal staatenlos)**
Recht vor Gericht das BGB anzuwenden	**Richter KANN der Person das Privileg zukommen lassen, das BGB anzuwenden, MUSS ABER NICHT**
Recht auf Versammlungsfreiheit	**Privileg (kein Recht!) Versammlungen abhalten zu dürfen (Privilegien können jederzeit entzogen werden!)**

MIT STAATSANGEHÖRIGKEITSAUSWEIS - RECHTE	OHNE STAATSANGEHÖRIGKEITSAUSWEIS - PRIVILEGIEN
Recht Unternehmen und Vereine zu gründen	Privileg (kein Recht!) Unternehmen und Vereine zu gründen
Recht der freien Berufswahl	Privileg (kein Recht!) der freien Berufswahl
Recht zu jedem öffentlichem Amt nach Befähigung	Privileg (kein Recht!) zu jedem öffentlichem Amt nach Befähigung
Anspruch auf Rente gemäß Sozialgesetzbuch IV	kein Anspruch auf Rente gemäß Sozialgesetzbuch IV
Recht zu wählen oder gewählt zu werden	Privileg (kein Recht!) zu wählen oder gewählt zu werden
Recht auf ein Hochschulstudium	Privileg (kein Recht!) auf ein Hochschulstudium
Recht die nationale Gesetzgebung zu beanspruchen	Privileg (kein Recht!) die nationale Gesetzgebung zu beanspruchen
Schutz des Eigentums	kein Schutz des Eigentums

XLII. Sie an ihn:

-----Ursprüngliche Mitteilung-----
Verschickt: Sa, 6. Jun. 2020 18:48

"Der deutsche Reisepass oder Personalausweis stellt keinen förmlichen Nachweis für das Vorliegen der deutschen Staatsangehörigkeit dar.

Die Deutscheneigenschaft kann nur durch einen Staatsangehörigkeitsausweis [...] nachgewiesen werden."

Innerhalb der EU

Die nationale Staatsangehörigkeit eines Mitgliedstaates führt zu der sogenannten „Unionsbürgerschaft".

Den Unionsbürger benötigen Sie um in der EU:

- Frei reisen zu können und um sich niederlassen zu dürfen
- Das aktive und passive Wahlrecht bei den Kommunalwahlen und den Wahlen zum Europäischen Parlament ausüben zu dürfen
- Das Recht auf eine Bürger Vertretung im Europäischen Parlament geltend zu machen

- Beim Bürgerbeauftragten vorsprechen zu können
- Das Recht auf soziale Sicherheit und Unterstützung geltend machen zu können
- Die Menschenrechte geltend machen zu können
- Die EU Gerichtshöfe als Mitglied der EU nutzen zu dürfen

Weltweit

Weltweit benötigen Sie eine Staatsangehörigkeit um:

- Ein Kind aus einem anderen Land zu adoptieren
- Um einen Ausländer, eine Ausländerin mit einer Staatsangehörigkeit heiraten zu können
- Um weltweit überhaupt ein rechtliches Gehör geschenkt zu bekommen
- Ohne Staatsangehörigkeit kein Recht auf Recht

Die UN Flüchtlingskommission UNHCR mit ihrem Sitz in Deutschland erklärt genau was Staatsangehörigkeit bzw. Staatenlosigkeit bedeutet und wo die rechtlichen Grundlagen dafür zu finden sind:

Staatenlose Frauen, Männer und Kinder können kein Land offiziell als ihre Heimat bezeichnen. Dieser Umstand bewirkt, dass sich Staatenlose häufig in einem rechtlichen Schwebezustand befinden, denn sie werden durch nationale Gesetze nicht ausreichend geschützt. Im schlechtesten Fall haben Staatenlose nicht einmal Zugang zu Bildung oder zum Arbeitsmarkt. Sie dürfen nicht frei

reisen und sind von der politischen Teilnahme, aber auch von grundlegenden Sozialleistungen eines Staates ausgeschlossen.

Vielleicht dürfte es Sie wundern, daß Sie als Einwohner der BRD gemäß der internationalen Gesetzgebung, dem Übereinkommen über die Rechtsstellung der Staatenlosen, dem sogenannten Staatenlosenübereinkommen vom 28. September 1954, staatenlos sind?

Oder besitzen Sie, neben dem Personalausweis / Reisepass ,auch einen Staatsangehörigkeitsausweis?

Artikel 27: „Die Vertragsstaaten stellen jedem Staatenlosen, der sich in Ihrem Hoheitsgebiet befindet und keinen Reiseausweis besitzt, einen Personalausweis aus."

"Der Staatsangehörigkeitsausweis ist das einzige Dokument, mit dem das Bestehen der deutschen Staatsangehörigkeit in allen Angelegenheiten, für die es rechts - erheblich ist, verbindlich feststellt wird (§ 30 StAG). Der deutsche Reisepass und Personalausweis sind kein Nachweis für die deutsche Staatsangehörigkeit, sie begründen nur eine Vermutung, dass der Inhaber die deutsche Staatsangehörigkeit besitzt"

"Reisepass und Personalausweis sind keine sicheren Nachweise für den Besitz der deutschen Staatsangehörigkeit. Mit einem Staatsangehörigkeitsausweis hingegen ist die deutsche Staatsangehörigkeit verbindlich nachgewiesen. Ein Staatsangehörigkeitsausweis wird für bestimmte Rechtsgeschäfte oder -verhältnisse benötigt"

"Ein Personalausweis oder ein deutscher Reisepass stellt keinen verbindlichen Nachweis für den Besitz der deutschen Staatsangehörigkeit dar. Müssen Sie die deutsche Staatsangehörigkeit verbindlich nachweisen, können Sie einen Staatsangehörigkeitsausweis beantragen."

"Ein Reisepass oder Personalausweis sind keine sicheren Nachweise für den Besitz der deutschen Staatsangehörigkeit. Wenn Sie rechtlich gesehen deutscher Staatsangehöriger sind, dies aber bisher nicht geltend gemacht haben, weil Sie beispielsweise als Doppelstaatler bereits Inhaber eines ausländischen Passes sind, können Sie einen Staatsangehörigkeitsausweis beantragen."

"Der deutsche Reisepass oder Personalausweis stellt keinen förmlichen Nachweis für das Vorliegen der deutschen Staatsangehörigkeit dar. Die Deutscheneigenschaft kann nur durch einen Staatsangehörigkeitsausweis oder durch einen Ausweis über die Rechtsstellung als Deutscher nachgewiesen werden."

„Die deutsche Staatsangehörigkeit kann durch eine Staatsangehörigkeitsurkunde (Staatsangehörigkeitsausweis) nachgewiesen werden. (….) Der Bundespersonalausweis oder der deutsche Reisepass sind kein Nachweis über den Besitz der deutschen Staatsangehörigkeit. Sie begründen lediglich die Vermutung, dass der Ausweisinhaber die deutsche Staatsangehörigkeit besitzt."

Nur Unionsbürger haben innerhalb der EU laut Art. 20 AEUV das Recht

- **auf Bewegungs- und Aufenthaltsfreiheit**
- **auf aktives und passives Wahlrecht bei den Wahlen zum Europäischen Parlament und bei den Kommunalwahlen**
- **auf Schutz durch die diplomatischen und konsularischen Behörden**
- **Petitionen an das Europäische Parlament zu richten und sich an den Europäischen Bürgerbeauftragten in der Muttersprache zu wenden**

Wer keinen Nachweis seiner Staatsangehörigkeit in Form eines Staatsangehörigkeitsausweises nach StAG besitzt, gilt verwaltungstechnisch als Staatenloser. Die Staatsangehörigkeit nach StAG und die Unionsbürgerschaft ist eine verwaltungstechnische Staatsangehörigkeit und keine hoheitliche. Auch wenn es im deutschen Rechtsalltag anders zu sein scheint, ändert dies nichts an der Tatsache, daß:

- Staatenlose nicht wählen dürfen und nicht gewählt werden können (siehe § 12, § 15 im Bundeswahlgesetz).
- die Heirat eines Staatenlosen mit einem Ausländer, der eine Staatsangehörigkeit besitzt, den Verlust dessen Staatsangehörigkeit nach sich ziehen könnte und dadurch die Heirat rechtlich angreifbar werden könnte
- Staatenlose nach den Militärgesetzen, z.B. dem SHAEF-Gesetz, kein Eigentum rechtssicher erwerben können
- Staatenlose keine Immobilien an Ausländer, die im Besitz einer Staatsangehörigkeit sind, rechtswirksam veräußern können
- sämtliche Immobilienkäufe und Verkäufe zwischen Staatenlosen dem SHAEF-Gesetz Art. 52 widersprechen und somit jederzeit vom Besatzer beschlagnahmt werden können
- Staatenlose keinen Friedensvertrag (der seit dem 1. Weltkrieg noch aussteht!) schließen können

XLIII. Er an sie:

-----Ursprüngliche Mitteilung-----
Verschickt: Sa, 6. Jun. 2020 20:54

Was für ein Unsinn, lass mich damit in Ruhe...

Falls nicht bist du für die Konsequenzen verantwortlich.
Beantrage doch was du willst, aber bist du überhaupt eine Deutsche..?

Gesendet über BlackBerry Hub+ Posteingang für Android

XLIV. Er an sie:

-----Ursprüngliche Mitteilung-----
Verschickt: Sa, 6. Jun. 2020 20:58

SIE ISR NICHT STAATENLOS, SIE HAT DIE DEUTSCHE STAATSANGEHÖRIGKEIT.
Einfach mal das Gestz lesen und nicht auf irgendeinen Unsinn hören.
Also bist du eine Reichsbürgerin, die denken nämlich so.

Lass Sie da raus , sonst.....

Gesendet über BlackBerry Hub+ Posteingang für Android

XLV. Sie an ihn:

Verschickt: So, 7. Jun. 2020 0:20

„Welche Konsequenzen meinst du und welche Verantwortung wofür?“

Er stellt eine Frage.

Kaum erhält er eine Antwort, ist er außerstande diese in vollem Umfang zu begreifen.

Von ihm kommen nur Hohn, Phrasen, Bezichtigungen und Drohgebärden.

Die Antwort beinhaltete Gesetzestexte.

Er verwehrt seiner minderjährigen Tochter ihr Recht auf eine Staatsangehörigkeit.

Dies kommt einer Ent-Rechtung gleich.

Damit trägt er die alleinige Verantwortung für alle daraus resultierenden Folgen und die Konsequenzen.

XLVI. Er an sie:

-----Ursprüngliche Mitteilung-----

Cc: an seinen Bruder

Verschickt: So, 7. Jun. 2020 0:35

Du sagst nicht welche Konsequenzen du meinst. Du akzeptierst nicht, dass sie laut Gesetz die deutsche Staatsbürgerschaft besitzt. Du bist nicht bereit mir zu sagen warum du von mir diese Einwilligung möchtest. Fragen beantwortest du nicht. Ich kann niemandem das Recht auf eine Staats angehörigkeit verwehren.

Was soll das alles?

Welche Folgen und Konsequenzen meinst Du denn?

Gesendet über BlackBerry Hub+ Posteingang für Android

XLVII. Sie an ihn:

Verschickt: So, 7. Jun. 2020 1:06

Du akzeptierst nicht, dass sie laut Gesetz die deutsche Staatsangehörigkeit eben NICHT besitzt.

Da sie noch unter 16 ist, kann sie nur mit der Einverständniserklärung BEIDER Sorgeberechtigter die Feststellung der deutschen Staatsangehörigkeit beantragen.

Wenn du durch deine Verweigerungshaltung diesen Antrag verhinderst, verwehrst du ihr die Chance auf ihre Rechte als deutsche Staatsangehörige.

Das wäre verdammt schade.

Es sind verrückte Zeiten.

Was kommen wird, weiß kaum jemand genau.

Ich erachte es für sinnvoll, dass sie die Rechte einer Staatsangehörigkeit erwirbt.

Und da sie ein eheliches Kind ist, muss die Abstammung über die sog. „väterliche Linie“ bis vor 1900 nachgewiesen werden.

Dazu werden zum Familiennamen die jeweiligen vollständigen Vornamen benötigt, außerdem die Geburts- und Sterbedaten, jeweils mit beglaubigtem Nachweis, bestenfalls sogar noch die Heiratsurkunde (aus welcher hervorgeht, dass auch der Vater bzw. Großvater bzw. Urgroßvater bzw. Ururgroßvater ebenfalls „ehelich“ gezeugt worden ist). Leider konnte mir bislang aus deinem Clan niemand den Vornamen des entsprechenden Ururgroßvaters nennen, geschweige denn die dazu gehörenden Daten.

Deine Tante vermutet, dein Bruder habe den Stammbaum. Dein Bruder hat jedoch nur einmal die Ahnenrolle eingesehen und weiß nun angeblich nicht mehr, wo sich diese befindet.

Von dir ist aktuell noch keine einzige Auskunft gekommen.

Aus alten Erzählungen ist mir lediglich bekannt, dass jener Urahn wohl der sein musste, der eine weiße Feder zugesteckt bekam. Einen Vornamen hast du jedoch nie erwähnt.

XLVIII. Er an sie:

-----Ursprüngliche Mitteilung-----

Verschickt: Mo, 8. Jun. 2020 7:10

Ne ne nee

Printed by Books on Demand GmbH, Norderstedt / Germany